Lilly-Britt Weiß

Die Kraft der Hände. Eine Einladung, das Alltägliche zu begreifen.

AF513957

Lilly-Britt Weiß

Die Kraft der Hände

Eine Einladung, das Alltägliche zu begreifen.

Lilly-Britt Weiß Verlag • Berlin

Lilly-Britt Weiß ist promovierte Historikerin, Ingenieurin und Gestalterin.

Ihr besonderes Interesse gilt der Erforschung, Bewahrung und Vermittlung von handwerklichem Wissen und Können. 2019 gründete sie den Lilly-Britt Weiß Verlag und gibt Fach- und Sachbücher zum Thema Handwerk heraus.

Bibliografische Information der Deutschen Nationalbibliothek:
Die Deutsche Nationalbibliothek verzeichnet diese Publikation in der Deutschen Nationalbibliografie; detaillierte bibliografische Daten sind im Internet über http://dnb.d-nb.de abrufbar.

ISBN 978-3-9822448-3-9

Das Werk einschließlich aller seiner Teile ist urheberrechtlich geschützt. Jede Verwertung außerhalb der engen Grenzen des Urheberrechtsgesetzes ist ohne Zustimmung des Verlages und des Autors unzulässig und strafbar. Das gilt besonders für Vervielfältigungen, Übersetzungen, Mikroverfilmungen und die Einspeicherung und Verarbeitung in elektronischen Systemen.

2., überarbeitete Auflage 2022

Copyright © 2022 Lilly-Britt Weiß
1. Auflage 2020

Layout und Covergestaltung: Lilly-Britt Weiß
Verlag: Lilly-Britt Weiß Verlag
Herstellung: BoD – Books on Demand, Norderstedt

insbesondere für euch Kinder

Inhalt

Einleitung

Dieses Büchlein ist eine Einladung...

… eine Einladung für euch, liebe Kinder, liebe Eltern, liebe Lehrerinnen und Lehrer, liebe Erzieherinnen und Erzieher… und für all diejenigen, die sich mehr Leichtigkeit und Fröhlichkeit im Alltag wünschen und manchmal nicht so richtig wissen, wie man es anstellen kann.

Ich habe dieses kleine Büchlein ganz bewusst für euch alle gemeinsam geschrieben. Es soll euch ermutigen, euch gegenseitig zu unterstützen. Es soll euch inspirieren, ein bisschen mehr über euch zu lernen, selbstbewusster und aufmerksamer mit euch und der Welt um euch herum zu sein.

Und… es soll Euch Vergnügen bereiten.

Das Büchlein ist mein Geschenk an die Welt, in der wir alle gemeinsam leben. Ihr Kinder seid die Zukunft, so dass sich alles insbesondere um euch dreht. Es geht um eure Welt – eure Welt zuhause, eure Welt in der Schule und eure Welt, die ihr mit euren Freunden teilt. Alle diese Welten teilen auch wir Erwachsenen mit euch.

Das Büchlein handelt von Verstehen und Begreifen, von Entdecken und Lernen und von unseren Händen. Es kommt von Herzen und beruht auf meinen Erfahrungen als Mutter, als „Handarbeiterin", als Wissenschaftlerin und als Lilly.

Auch ich lerne jeden Tag dazu, möchte wachsen und mir, meiner Familie, meinen Kolleginnen und Kollegen, Freundinnen und Freunden das alltägliche Leben leichter, fröhlicher und gelassener machen – und so auch das eure.

Ich bin eine Botschafterin der Hand und werde euch in diesem Büchlein etwas über den Zauber und die Kraft der Hände erzählen. Ich bin mir sicher ihr werdet Freude daran finden, welche tolle Rolle die Hände in unserem gemeinsamen Alltag spielen. Unsere Hände können eine Menge für uns tun. Ihr werdet staunen...

Ein paar Hinweise zum Lesen

Ich habe versucht, in einfachen Worten zu schreiben, damit ihr Kinder alles verstehen könnt. Ich möchte sowohl euch Kindern als auch euch Erwachsenen vorschlagen, das Büchlein gemeinsam zu lesen. Wenn ihr es gelesen habt, schaut euch ruhig immer mal wieder die eine oder andere Stelle an – denn, so wisst ihr vielleicht – je öfter man etwas wiederholt, desto besser kann man lernen, begreifen und sich erinnern. Aus diesem Grund ist dieses Büchlein auch ein bisschen aufgebaut, wie eine Schulstunde.

Teil 1: Es geht los

Zu Beginn einer Schulstunde wird euch in der Regel erzählt, worum es gleich gehen wird. Manchmal ist eine kleine Geschichte hilfreich, um euch auf den Stoff, den ihr lernen dürft, vorzubereiten. Diese Geschichte soll euch motivieren, Fragen aufwerfen und etwas mit eurem Leben zu tun haben.

Auch ich werde euch gleich eine Geschichte erzählen und euch erklären, was die Geschichte mit euch und eurem Alltag zu tun hat.

Teil 2: Gemeinsam lernen

Wenn ihr in der Schule schreiben, lesen und rechnen lernt, ist es natürlich wichtig, dass ihr erstmal wisst, dass es Buchstaben und Zahlen gibt. Es muss euch also jemand erklären, wie Zahlen und Buchstaben aussehen und was man mit ihnen machen kann.

Genauso werde ich euch ein paar Dinge erklären: Über die Hand, über Gefühle, über unseren Alltag und unser Zusammenleben.

Teil 3: Die Hände in Aktion

Wenn ihr nun etwas über Buchstaben und Zahlen wisst, müsst ihr noch ein bisschen üben, um wirklich rechnen, schreiben und lesen zu können. Deshalb gibt es ja auch Hausaufgaben.

So möchte ich euch in diesem Teil des Büchleins auch ein paar „Hausaufgaben" aufgeben. Alles dreht sich dabei um die Hand und was ihr mit der Hand alles so machen könnt.

Ich bin mir sicher, dass die kleinen Übungen sowohl euch Kindern als auch euch Erwachsenen Vergnügen bereiten. Ihr könnt sie zuhause, in der Schule oder bei der Arbeit machen. Keine Angst, es wird ganz einfach.

Teil 4: Eure Hände können noch mehr

Zum Schluss möchte ich euch noch ein paar „Dinge" mit auf den Weg geben... Dinge, die ihr gemeinsam basteln könnt und die euch im Alltag an die Inhalte dieses Buches und die Kräfte der Hände erinnern.

Ich lade euch nun herzlich dazu ein, das Büchlein zu lesen und mitzumachen...

Teil 1: Es geht los

Eine kleine Geschichte zum Anfang

Wie versprochen möchte ich mit einer kleinen Geschichte beginnen. Diese Geschichte habe ich mir nicht ausgedacht und wahrscheinlich kennt ihr sie auch schon. Die Geschichte wurde vor etwa 100 Jahren von Alan Alexander Milne geschrieben und heißt „Pu der Bär". Die Idee, die vielen Abenteuer von Pu und seinen Freunden aufzuschreiben, bekam Herr Milne, als er seinen Sohn Christopher Robin und dessen Stofftiere beobachtete....*

Pu heißt eigentlich Edward Bär und wohnt gemeinsam mit seinen Freunden im Hundert-Sechzig-Morgen-Wald. Pu liebt Honig über alles und singt gerne Lieder mit lustigen Texten, die er sich ausgedacht hat. Er ist nicht besonders flink und vergisst manchmal etwas. Dafür hat er ein großes Herz und ist eigentlich immer fröhlich.

Zu seinen Freunden zählen das ängstliche Ferkel, Känga, die sich als Mama immer um ihr kleines Ruh sorgt, der Esel I-Ah, der immer etwas mürrisch ist und Oile, die sich sehr weise fühlt. Auch gehört zum Kreis der Freunde das pfiffige Kaninchen, Tieger, der nie wirklich zur Ruhe kommt und natürlich der kleine Junge Christopher Robin, der seinen Freunden immer mit Rat und Tat zur Seite steht.

* Milne, A. A.: Pu der Bär. Gesamtausgabe. Übersetzt von Harry Rowohlt. Hamburg 2009 (10. Auflage)

Jeder der Freunde hat besondere und auch etwas eigentümliche Eigenschaften, Vorlieben und Ängste. Langweilig ist es im Hundert-Sechzig-Morgen-Wald nie. Gemeinsam erleben die Freunde so allerhand und müssen das eine oder andere knifflige Abenteuer überstehen oder Problemchen lösen. Pu würde zum Beispiel alles dafür tun, einen Topf Honig zu bekommen, Ferkel zu retten oder ein Haus für I-Ah zu bauen. Jedes Abenteuer geht natürlich gut aus, weil alle zusammenhalten und sich gegenseitig helfen.

Pu hat nun auch einen Ratschlag für uns. Wenn man nämlich ein Problem hat, nimmt man sich erstmal genügend Zeit, darüber nachzudenken. Und dann geht man ganz in Ruhe einen Schritt nach dem nächsten. Vor allem gibt es immer eine Lösung, die manchmal ganz schnell und unerwartet kommt. Vertraut einfach, dass alles gut wird und Hilfe schon unterwegs ist, ganz egal worum es geht. Ist das nicht ein guter Tipp?

Und so zeigen uns die Abenteuer der Freunde, wie man einzigartig sein darf und trotzdem zu den anderen gehört und immer aufgehoben ist.

Habt ihr nicht viel gemeinsam

Von Pu und seinen Freunden können wir alle etwas lernen und uns abgucken.

Schaut einmal genau hin. Habt ihr nicht viel gemeinsam mit den Bewohnern des Hundert-Sechzig-Morgen-Walds? Auch ihr seid alle einzigartig und das ist auch gut so.

Und jeder Tag ist neu, ein neues kleines Abenteuer…

Ihr Kinder geht zur Schule. In den Pausen oder am Nachmittag spielt ihr mit euren Freunden. Ihr macht Hausaufgaben und lernt für Klassenarbeiten. Ihr spielt Klavier, seid Torwart in einer Fußball-Mannschaft, geht zum Ballettunterricht oder habt ein anderes tolles Hobby.

Es gibt Dinge, die machen euch Spaß und es gibt Dinge, die mögt ihr nicht. Es gibt Dinge, die ihr gut könnt und andere liegen euch gar nicht. Mit manchen Kindern versteht ihr euch besonders und mit anderen gibt es ständig Streit.

Kommt euch das bekannt vor? Auch euch Erwachsenen?

So gibt es Tage, die laufen einfach gut. Ihr habt gute Laune und freut euch auf den Tag. Das Lernen macht Spaß und die Hausaufgaben gehen gut von der Hand. Und beim Abendessen erzählt ihr voller Begeisterung, was ihr mit euren Freunden erlebt und gespielt habt. Glücklich und erfüllt legt ihr euch ins Bett und träumt von euren Abenteuern.

Aber das ist nicht immer so, oder? Manchmal seid ihr mit Dingen beschäftigt, die gar nicht so toll sind. Ihr versucht im Unterricht zuzuhören, obwohl es im Klassenraum sehr laut ist. In der Hofpause regnet es in Strömen und ihr müsst im Schulgebäude bleiben, obwohl ihr viel lieber draußen spielen möchtet. Vielleicht seid ihr auch aufgeregt oder etwas ängstlich, weil am nächsten Tag eine Klassenarbeit geschrieben wird.

Manchmal seid ihr aber auch traurig und wisst nicht genau, warum. Ihr fühlt euch einfach nicht gut, obwohl gar nichts Besonderes passiert ist. Wenn ihr am Nachmittag nach Hause kommt, seid ihr plötzlich ganz müde und könnt euch gar nicht vorstellen, jetzt noch Hausaufgaben zu machen. Stellt euch vor, ihr habt dann noch einen Streit mit dem besten Freund oder der besten Freundin und wisst nicht weiter...

Eure Eltern sind nach einem anstrengenden Arbeitstag damit beschäftigt, schnell das Abendessen vorzubereiten und hören euch gar nicht zu. Ihr quält euch mit den Hausaufgaben und hört nur: „Konzentriere dich doch einfach mal. Beeile dich, es gibt gleich Essen. Das kann doch nicht so schwer sein." Nun seid ihr auch noch wütend, verärgert und fühlt euch hilflos. Am Liebsten möchtet ihr einfach die Decke über den Kopf ziehen.

Auch bei Erwachsenen läuft nicht immer alles reibungslos. Wenn sich eine Lehrerin oder ein Lehrer mal nicht so gut fühlt, sind die Kinder automatisch lauter, unruhiger und unkonzentrierter. Im Klassenraum ist die Stimmung bei keinem so richtig gut und der Unterricht macht nicht so richtig Spaß. Später findet nun noch ein Elternabend statt und Abends müssen noch Klassenarbeiten korrigiert werden. Kein Wunder, dass man sich manchmal auch überfordert fühlen kann.

Auch sei zu bedenken, dass Lehrerinnen und Lehrer und Erzieherinnen und Erzieher oft selber Kinder haben, die ihre Aufmerksamkeit brauchen.

Was nun also tun?

Teil 2: Gemeinsam lernen

Was nun also tun?

In solchen Momenten denkt einmal an Pu. Für Probleme gibt es Lösungen. Nehmt euch einen Moment Zeit und atmet ein paar Mal ein und aus. Rennt nicht mit dem Kopf durch die Wand. Die Lösung ist vielleicht schon auf dem Weg, ihr könnt sie nur noch nicht sehen.

Ihr alle seid nicht alleine und es gibt auf jeden Fall Unterstützung, wenn man danach fragt. Versprochen.

Manchmal stehen uns nur unsere Gefühle etwas im Weg, um einen klaren Kopf zu behalten. Gefühle – ob Wut, Trauer oder Angst oder auch Freude, Liebe und Leichtigkeit – sind erstmal nur Gefühle. Man könnte sagen, sie sind einfach eine Reaktion unseres Körpers auf etwas, das um uns herum oder in uns passiert. Gefühle an sich sind weder gut noch schlecht. Sie sind in einem Moment einfach da und dann verschwinden sie wieder.

Genauso ist es auch mit unseren Gedanken. Manchmal habt ihr eine spontane Idee. Ihr möchtet etwas aus einem anderen Zimmer holen. Auf dem Weg dorthin stolpert ihr über einen Schuh und im anderen Zimmer angekommen, habt ihr ganz vergessen, was ihr eigentlich wolltet.

Gefühle und Gedanken haben alle Menschen. Oftmals nehmen wir uns allerdings nicht genug Zeit, sie zu spüren und zuzulassen. Ist euch eigentlich wirklich bewusst, dass Gefühle und Gedanken auch einfach wieder vorbeiziehen?

Wenn ihr wütend seid, merkt ihr etwas stimmt nicht. Es ist unangenehm. Jeder möchte sich jedoch gut fühlen. In der Regel versuchen wir dann, uns mit Händen und Füßen dagegen zu wehren, dass wir uns doof fühlen. Wann ist das endlich vorbei und wann fühlen wir uns endlich wieder gut? Wenn wir wütend auf jemanden sind, kommt oft noch die Wut auf uns selbst dazu, weil wir keinen Ausweg sehen. Damit tun wir uns natürlich nichts Gutes.

Und manchmal richten wir dann diese Wut auch auf andere Menschen, die eigentlich gar nichts damit zu tun haben. Wir sagen gemeine Dinge, schreien jemanden an, machen Dinge kaputt oder schubsen ganz ohne Grund. Nachher fühlen wir uns noch schlechter und es tut uns leid.

Hilfreich ist es deshalb, erstmal das Gefühl, in diesem Fall die Wut, wahrzunehmen und einfach anzuschauen. Stellt euch vor, ihr würdet jemanden beobachten. Man kann also zu sich sagen: „Hey, da ist Wut in mir." Man hat also tatsächlich gemerkt, dass man wütend ist. Wenn man das nämlich nicht so genau weiß und das Gefühl gar nicht wahrnimmt, wird man automatisch wütender mit sich und der Umwelt. Hat man die Wut jedoch erkannt, kann man erstmal durchatmen.

Und jetzt dürft ihr alle ein Mal kurz tief ein- und ausatmen und euch erstmal entspannen, bevor es weiter geht.

Gemeinsam atmen ist der erste Schritt

Wenn wir aufmerksam sind, können wir spüren, welche Gefühle und Gedanken, Wünsche und Bedürfnisse sich gerade zeigen und „raus wollen". Es hilft dann schon, zwei oder drei Mal tief zu atmen, um einen verrückten Gedanken oder eine komische Stimmung zu entlarven. Wenn ihr euch nämlich für etwa eine halbe Minute auf eure Atmung konzentriert, vergesst ihr alles um euch herum.

In dieser Zeit müsst ihr einfach nichts machen, keiner fordert etwas und ihr seid plötzlich ganz ruhig. Danach sieht die Welt schon wieder anders aus und ihr seid gleich viel frischer und friedlicher.

Probiert es gleich mal aus.

Manchmal vergessen wir in unserer ziemlich verrückten und lauten Welt, kurz in uns hineinzuhorchen. Wenn wir das Chaos an Gedanken und Gefühlen nicht im Zaum haben, handeln wir auch mal unbedacht. Ohne dass wir darüber nachdenken oder es wirklich möchten, beeinflussen unsere Gefühle und Gedanken auch die Menschen um uns herum, auf angenehme oder auch auf unangenehme Weise. Aber wir leben zusammen und teilen unseren Alltag mit allen Höhen und Tiefen. Wir sind eine Gemeinschaft und brauchen uns gegenseitig.

Der erste Schritt ist also, dass wir uns gegenseitig erinnern, dass wir für einander da sind. Nehmt euch also zwischendurch einfach an die Hand und atmet ein paar Mal zusammen. Ihr werdet euch alle gleich sicherer und leichter fühlen.

Aber damit nicht genug

Wäre es nicht toll, wenn nicht nur ihr selbst glücklicher durch den Tag geht, sondern auch all die anderen Menschen, die euch begegnen?

Wäre es nicht toll, wenn wir alle verständnisvoll und offen miteinander umgehen?

Wäre es nicht toll, wenn ihr einfach so sein dürft, wie ihr seid und euch wohl in eurer Haut fühlt?

Wäre es nicht toll, wenn ihr ganz einfach eure Energiereserven auffüllen könntet, wenn ihr müde seid?

Und wäre es nicht toll, wenn unangenehme Gefühle genauso schnell wieder verschwinden, wie sie gekommen sind?

Aufmerksamer und glücklicher durch das Leben zu gehen, ist eigentlich ganz einfach. Das liegt daran, dass ihr alle besondere Kräfte habt, die ihr jederzeit herbeirufen könnt. Kräfte, die euch stärken. Kräfte, die Schmerzen zum Verschwinden bringen. Kräfte, die euch ermutigen. Und Kräfte, die euer Leben bereichern und zufriedener machen. Um welche Kräfte es dabei geht und wie ihr üben könnt, sie zu benutzen, werde ich euch gleich noch zeigen. Es sind nämlich die besonderen Kräfte unserer Hände.

Was ist Achtsamkeit?

Bevor wir aber zu den Zauberkräften unserer Hände kommen, ein paar Worte zur Achtsamkeit...

Wisst ihr eigentlich, was Achtsamkeit bedeutet und warum Achtsamkeit wichtig für uns alle ist? Achtsamkeit bedeutet im Grunde einfach nur, dass ihr etwas bemerkt, auf etwas Acht gebt, es wahrnehmt – Gefühle und Gedanken, Empfindungen im Körper oder auch die Stimmung, die um euch herum ist.

Achtsamkeit fängt immer bei einem selbst an. Wenn wir selbst bemerken können, wie es in unserem Herzen aussieht, wie sich unser Körper fühlt oder dass wir Gedanken haben, ist der erste Schritt getan.

Wer nämlich achtsam mit sich ist, kann auch achtsam mit anderen Menschen sein. Lasst ihr eure eigenen Empfindungen zu, ist es viel leichter, zu verstehen, dass ein anderer Mensch ähnliche Gefühle hat. Achtsamkeit bedeutet also auch, sich für andere zu öffnen und verständnisvoll zu sein und sich und die anderen ernst zu nehmen und zu respektieren. Wenn man nicht ganz versteht, warum ein anderer Mensch bestimmte Gefühle oder Gedanken hat, weiß man zumindest, dass es dafür einen Grund geben wird. Man kann es gleich viel besser annehmen. Gehen wir nun achtsam miteinander um, können wir auch leichter Freudiges oder auch nicht so Tolles miteinander teilen. Achtsamkeit hat darüber hinaus etwas mit Erinnerung zu tun. Gemeinsam könnt ihr darauf Acht geben, dass ihr euch erinnert, dass ihr alle einzigartige und wertvolle Geschöpfe seid.

Wie wird man achtsam?

Vielleicht fragt ihr euch jetzt, wie man achtsam wird. Das ist ganz einfach. Nehmt euch jeden Tag einen kurzen Moment Zeit und horcht in euch hinein und vertraut dem, was ihr hört. Es ist nämlich die Stimme eures Herzens. Je öfter ihr das übrigens macht, desto leichter wird es euch fallen. Vielleicht findet ihr es erstmal etwas komisch, aber das macht nichts. Es merkt ja auch kein anderer. Es könnte nur sehr gut sein, dass ihr nach einiger Zeit gefragt werdet, warum ihr plötzlich so ruhig und gelassen mit allen möglichen Situationen umgeht und das Leben einfach genießt.

Wenn man achtsam mit sich und der Umwelt umgeht, weiß man natürlich auch, wie das geht. Wenn man weiß, wie man achtsam wird, kann man es auch jemandem erzählen. Wissen nun zwei Menschen, wie man achtsam ist, können sie sich gegenseitig daran erinnern. Beide können nun auch anderen Menschen davon erzählen. Ihr seht also, je mehr von der Achtsamkeit wissen, desto toller wird unser Zusammenleben.

Erinnert euch noch einmal kurz an das Schreiben, Lesen und Rechnen lernen. Zu wissen, dass es Buchstaben und Zahlen gibt, ist erstmal ganz wichtig. Um nun aber wirklich zu verstehen, was man mit Buchstaben und Zahlen alles so machen kann, übt ihr in der Schule fleißig. Erst dann könnt ihr selbst eine kleine Geschichte schreiben oder das Einmaleins wie im Schlaf aufsagen, oder?

Auch seid ihr nicht alleine in der Klasse. Ihr habt viele Klassenkameradinnen und Klassenkameraden, die mit euch lernen. Ihr habt also ein gemeinsames Wissen über Zahlen und Buchstaben und übt gemeinsam. Warum erzähle ich euch das, fragt ihr euch jetzt vielleicht. Das Wissen, das ihr mit anderen teilt, hilft euch dabei, euch gegenseitig zu helfen. Wenn ihr mal nicht weiter wisst, könnt ihr einfach jemanden fragen.

Und so ist es mit der Achtsamkeit und auch mit den besonderen Kräften der Hände. Erstmal ist es wichtig, ein paar Dinge zu wissen. Dann kann man sich auf den Weg machen, die Welt gemeinsam zu verschönern und angenehmer zu gestalten und sich gegenseitig immer wieder zu erinnern.

Deshalb möchte ich jetzt gleich mein Wissen mit euch teilen. Ich habe selbst ein paar Dinge gelernt und geübt. Diese Dinge helfen, besser zu verstehen, was es bedeutet, achtsam durch das Leben zu gehen. Diese Dinge können euch dabei unterstützen, mehr Spaß zu haben, sich zwischendurch eine Pause zu gönnen und voller Energie zu sein. Und diese Dinge haben etwas mit den Kräften unserer Hände zu tun. Ich möchte euch jedoch nicht einfach nur Lesestoff geben, sondern auch etwas für die Praxis – also ein paar Dinge, die ihr nachmachen und ausprobieren könnt.

Gerade ihr Kinder seid ja alle neugierig und offen für neue Abenteuer und probiert gerne mal etwas Neues aus.

Ihr Kinder habt also noch eine besondere Aufgabe: Erinnert eure Eltern, Lehrerinnen und Lehrer und Erzieherinnen und Erzieher und natürlich auch eure Freundinnen und Freunde an die kleinen Tipps, die ich euch mit auf den Weg gebe. Das Schöne ist, ihr könnt alles gemeinsam lesen, lernen und etwas mit den Händen machen. Sucht euch das heraus, was zu euch passt, wozu ihr Lust habt. Ich bin mir sicher, es ist für jeden etwas dabei. Dazu aber später. Erstmal ist es wichtig, dass ihr noch ein paar Dinge von mir erfahrt.

Unsere Hände

Ich bin eine Art Botschafterin der Hand. Eine Botschaft ist eine Nachricht, die man übermittelt, wenn man etwas bekannt machen möchte. Und eine Botschafterin oder ein Botschafter hat eine besondere Mission, nämlich diese Nachricht weiterzugeben. Als Botschafterin möchte ich möglichst viele von euch erreichen. Ihr seid also die Empfänger meiner Botschaft und dürft dann ebenfalls zu kleinen und großen Botinnen und Boten werden.

Meine Botschaft dreht sich um die besonderen Kräfte unserer Hände. Oft ist uns gar nicht bewusst, wie wichtig unsere Hände für uns sind und was wir alles damit machen. Wir benutzen unsere Hände meistens ganz automatisch, ohne groß darüber nachzudenken, dass die Hand eine Hauptrolle in unserem Leben spielt.

Die Hand in Aktion

Wir geben uns die Hände zur Begrüßung.

Wenn wir essen, benutzen wir unsere Hände. Zum Beispiel nehmen wir ein Brötchen in die Hand, um davon abzubeißen. Oder wir benötigen die Hand, um mit einem Messer Marmelade auf das Brötchen zu schmieren.

Wenn wir uns weh tun, nehmen wir die Hand und legen sie ganz automatisch auf die verletzte Stelle.

Wir schreiben mit unseren Händen – mit dem Finger im Sand, mit einem Füller im Heft oder wenn wir auf eine Computertastatur drücken.

Auch beim Zählen, zählen wir auf die Hilfe der Hand und die Hilfe der Finger.

Als Zeichen der Zuneigung berühren wir uns mit unseren Händen.

Wenn es uns zu laut ist, halten wir uns die Ohren mit den Händen zu.

Wir malen und basteln mit unseren Händen.

Wenn wir ein Instrument spielen, brauchen wir natürlich auch unsere Hände.

Auch ein Handstand ist nur mit Hilfe der Hände möglich.

Wenn uns jemand zu nah kommt, heben wir die Hand. Damit signalisieren wir „Stop".

Möchten wir, dass jemand leise ist, sagen wir nicht nur „Pst", sondern halten den Zeigefinger vor den Mund.

Das nur eine kleine Liste von Beispielen, wie die Hand in Aktion tritt. Vielleicht fällt euch noch mehr ein. Ihr könnt die Liste natürlich gerne erweitern.

Mit der Hand sprechen

Die Hand spielt aber auch eine Rolle in unserer Sprache.

So sagen wir, dass uns etwas leicht von der Hand geht und meinen damit, dass wir etwas gut können.

Wenn wir jemandem etwas in die Hände geben, zum Beispiel die Organisation für eine Geburtstagsparty, übergeben wir dieser Person die Aufgabe und vertrauen auf das Gelingen.

Wir reichen einer Freundin oder einem Freund die Hand, wenn wir uns versöhnen möchten.

„Hand drauf!" bedeutet nichts anderes, als dass man etwas abgemacht und versprochen hat.

Freie Hand haben wir, wenn wir einfach tun dürfen, was und wie wir es machen möchten.

Wir rühren keine Hand, wenn wir einfach nichts tun oder jemandem nicht helfen.

So spricht man auch von helfenden Händen und meint dabei einfach all die Menschen, die bei einer Sache helfen.

Und wir alle haben manchmal alle Hände voll zu tun, oder?

Wir können aber auch Hand in Hand arbeiten, also gut und mit Freude mit anderen Menschen zusammenarbeiten und uns gegenseitig dabei unterstützen.

... und das tatsächlich mit den Händen, wie ihr noch sehen werdet.

Die Hand ist ein wertvolles und wichtiges Werkzeug unseres Körpers. Vielleicht achtet Ihr mal darauf, wie oft ihr die Hände benutzt und ob ihr nicht auch immer wieder über die Hand sprecht.

Energie fließt durch unsere Hände.

Vielleicht ist es ganz neu für Euch, aber durch unsere Hände fließt Energie und das macht sie so besonders. Macht gleich einmal einen kleinen Test. Denn ihr könnt die Energie ganz leicht spüren.

Reibt eure beiden Handflächen ein paar Mal aneinander. Öffnet dann die Hände ganz ganz langsam. Die beiden Handflächen sollten parallel zu einander stehen. Wenn ihr die Hände öffnet, merkt ihr schon das Kribbeln. Wenn der Abstand zwischen den beiden Handflächen etwa 10 cm beträgt, versucht ganz vorsichtig, die Hände wieder aufeinander zuzubewegen. Ihr spürt dann einen kleinen Widerstand. Es wirkt so, als wäre es nun viel schwerer, die Handflächen zu schließen. Ganz ganz langsam könnt ihr den Abstand erweitern. Den Widerstand werdet ihr weiter spüren.

Warum ist es nun wichtig, zu wissen, dass Energie durch unsere Hände fließt?

Stellt euch vor, es ist euch zu laut und ihr haltet euch die Ohren zu. Erstmal hört ihr natürlich weniger, weil die Hände die Ohren vor dem großen Lärm schützen. Das ist aber noch nicht alles. Automatisch schickt eure Hand beruhigende und stärkende Energien durch die Ohren in euren ganzen Körper.

Vielleicht habt ihr auch schon einmal gehört, dass man bei einem Spaziergang im Wald Energie tanken kann. Auch in Bäumen steckt eine Menge Energie. Wenn ihr das nächste Mal an einem Baum vorbeikommt, geht mal ganz nah mit den Handflächen zum Baumstamm, als wolltet ihr den Baum umarmen. Auch dort werdet ihr, wenn ihr ganz aufmerksam seid, ein Kribbeln spüren.

Was ist denn eigentlich Energie?

Ein sehr schlauer Wissenschaftler namens Albert Einstein hat einmal gesagt, dass alles Energie ist. Aber was genau ist denn eigentlich Energie?

Energie ist die wichtigste Kraft, die wir für unser Leben brauchen und die immer da ist. Energie ist in uns und Energie ist um uns herum. Energie ist weder gut noch schlecht. Sie ist einfach da. Energie kann unterschiedliche Formen annehmen, ist aber immer Energie.

Energie kann sichtbar oder unsichtbar sein. Energie kann man fühlen oder auch gar nicht wahrnehmen. Energie ruft immer eine Wirkung hervor, hat also einen Effekt, den man trotzdem immer in irgendeiner Form spüren kann.

Euer Körper braucht Energie für all die Dinge, die ihr jeden Tag tut. Wenn ihr ein leckeres Marmeladenbrot oder einen Apfel esst, laufen eure Zellen auf Hochtouren, um die Kraft der Nahrung in Energie umzuwandeln. Wenn ihr großen Hunger habt und euch schlapp fühlt, merkt ihr wenige Zeit später, dass ihr wieder Kraft habt, wenn ihr etwas Leckeres gegessen habt. Euer Körper braucht zum Beispiel Energie, um Sport zu machen, zu spielen oder auch um nachzudenken und zu lernen.

Darüber hinaus seid ihr ständig von Energie umgeben. Zum Beispiel von der Energie der Sonne. Vor der Sonnenenergie könnt ihr euch niemals wirklich verstecken. Gerade im Sommer, wenn es heiß ist, spürt ihr die Kraft auf eurer Haut. Aber Auch im Winter spürt ihr die Sonnenstrahlen in euren Gesichtern, da die Energie der Sonne euch stets wärmt.

Andererseits wisst ihr sicherlich, dass euer Radio eine Batterie benötigt, damit ihr etwas hören könnt. Die elektrische Energie der Batterie verwandelt sich in Schallenergie. Wäre keine Energie da, könntet ihr also auch kein Hörspiel oder eure Lieblingsmusik hören.

Energien werden also übertragen, umgewandelt und haben dann eine bestimmte Wirkung. Vorstellen kann man sich das ein bisschen wie ein Geben und Nehmen. Und dieses Geben und Nehmen findet auch zwischen uns und den Menschen um uns herum statt. Manchmal jedoch gibt man etwas und weiß gar nicht so genau, dass ein anderer Mensch gerade gar nichts oder etwas anderes haben möchte. Das könnt ihr ganz einfach beobachten. Stellt euch vor, ihr habt eigentlich gute Laune und trefft nun jemanden, bei dem es genau umgekehrt ist. Oft sinkt dann die eigene Laune, ohne dass man genau weiß, warum das so ist.

Andererseits fühlt ihr euch gleich wohl, wenn die Menschen um euch herum glücklich sind. Das steckt nämlich an. Die Energie fühlt sich einfach gut an und ihr nehmt gerne, was euch entgegengebracht wird. So habt ihr bestimmt schon einmal gehört, dass eine Person eine gute Ausstrahlung hat, also gute Energie sendet. Jeder von uns hat mal eine gute und auch mal eine schlechte Ausstrahlung und das ist ganz normal und total in Ordnung.

Wahrscheinlich gefällt es euch allen besser, sich gut zu fühlen. Wenn die Energie fließt, haben wir tolle Ideen, Aufgaben erledigen sich wie von alleine und über den Streit von gestern denkt man gar nicht mehr nach. Man hat das Gefühl, alles ist im Fluss. Wenn man sich allerdings nicht so richtig fühlt, fließt auch die Energie nicht richtig. Irgendwie ist etwas verstopft. Man kann jedoch üben, das „Energie-Rohr" wieder frei zu machen, damit man sich wieder leicht und kraftvoll fühlt. Genauso wie man etwas essen kann, um den Energiespeicher des Körpers wieder aufzuladen.

Teil 3: Die Hände in Aktion

Energien aufladen

Bereits vor Tausenden von Jahren haben sich Menschen damit beschäftigt, wie man Energie wieder „aufladen“ kann. Zum Beispiel in China, Indien oder Japan. Es gibt nämlich Hilfsmittel, die uns dabei unterstützen können, verstopfte „Energie-Rohre“, also komische Gefühle, unangenehme Gedanken oder Schmerzen, wieder ins Gleichgewicht zu bringen. Auch gibt es Hilfsmittel, die uns vor Krankheiten schützen oder dabei helfen, schnell wieder gesund zu werden. Alles hat damit etwas zu tun, dass die Energie in uns fließen kann.

Und hier kommt als erstes die Achtsamkeit mit ins Spiel. Ihr erinnert euch sicher noch, was es damit auf sich hat. Achtsam seid ihr, wenn ihr in euch hineinfühlt und eurem Herzen und eurem Körper zuhört.

Einige von Euch haben vielleicht schon mal etwas von einer Art Übung gehört, die man Meditation nennt. Oder ihr kennt vielleicht Menschen in eurer Nähe, die meditieren. Beim Meditieren bringt man die Gedanken zum Schweigen und schaltet für einen Moment den ganzen äußeren Lärm ab. Man ist dann einfach nur da, ohne dass man etwas tun muss. Und dadurch können auch die Energien wieder fließen.

Ihr fragt euch nun vielleicht, wie das geht. Meditieren kann, so kann ich euch beruhigen, wirklich jeder. Auch muss man dafür keine Ausbildung haben oder in ein Kloster nach Indien fahren. Auch braucht man dafür keine besondere Begabung.

Meditieren kann man, wenn man tatsächlich spürt, dass etwas nicht so ganz rund läuft. Meditieren kann man aber auch einfach so, wenn man sich total gut fühlt. Sich zu spüren, in sich zu gehen und ganz ruhig zu werden, ist nie verkehrt.

Einfach nur ruhig zu sein, hört sich jetzt vielleicht ein bisschen langweilig an, aber ihr werdet sehen, dass Meditieren eine tolle Sache ist und auch nicht lange dauern muss. Ihr könnt gleich mal eine kleine Übung ausprobieren.

Schließt einfach eure Augen und atmet ein paar Mal tief ein und aus. Konzentriert euch einfach auf das Atmen. Wenn die Augen geschlossen sind, schaut ihr in ein unendliches Grau. Ich zum Beispiel habe das Gefühl, dass ich in diesem Grau winzig kleine Sternchen sehe. Aber was auch immer ihr seht oder nicht seht, spielt keine besondere Rolle. Ihr werdet jedoch sofort spüren, dass die äußere Welt gar nicht mehr so wichtig ist. Auch habt ihr vielleicht das Gefühl, dass euer Körper plötzlich gar keine Grenzen mehr hat und ihr mit dem Grau irgendwie verschmolzen seid. Nach nur wenigen Atemzügen werdet ihr ganz automatisch friedlich und ruhig. Versprochen.

Zurück zur Energie

Die Energie „gehört“ uns allen und sie ist so oder so da, fließt durch uns und um uns herum. Um sie zu nutzen und wieder aufzuladen, muss man kein Heiler, Mönch oder Hochbegabter sein, man muss nicht an einen Gott glauben oder dass es gute Geister gibt.

Nun möchte ich euch ein paar kleine Übungen zeigen, die jeder ausprobieren kann und die gar nicht lange dauern. Das Schöne ist wirklich, dass man nichts falsch machen kann und dass man auch nichts Besonderes können muss. Erinnert euch an die Energie, die zwischen euren Händen fließt. Es war doch ganz leicht, das Kribbeln zu spüren, oder?

Wenn es also darum geht, sich etwas Gutes zu tun, wenn es gerade nicht so gut läuft oder einfach aus Spaß, kann man dafür die Hand mit einspannen. Was man mit den Händen alles machen kann, werdet ihr gleich sehen.

Hand und Herz

Eben habe ich euch ja erklärt, wie ihr ganz leicht zur Ruhe kommen könnt. Einfach ein paar Mal tief ein- und ausatmen und die Augen dabei schließen.

Dazu könnt ihr zusätzlich eure Hand auf das Herz legen. Ohne dass ihr etwas dafür tun müsst, wird so Energie an euer Herz geschickt. Auch euer Atem fließt ganz automatisch in das Herz und strömt wieder aus.

Wenn ihr dann ein- und ausatmet, stellt euch vor, ihr schickt fröhliche, liebevolle, friedliche Gedanken zum Herz. Soll ich euch sagen, was dann passiert? Euer Herz schickt eine Botschaft an das Gehirn und sagt diesem, dass ihr nun friedlicher, fröhlicher und liebevoller seid. Und nach ein paar Minuten werdet ihr euch viel leichter fühlen.

Hand, Herz und Bauch

Ihr könnt auch eine Hand auf das Herz und die andere auf den Oberbauch gleich unterhalb der Rippen legen. Diesen Bereich des Körpers nennt man übrigens den Solarplexus.

Das Herz steht für das Liebevolle und Mitfühlende in uns und der Solarplexus ist für Kraft und Selbstbewusstsein zuständig. Wenn ihr nun die Hände dort für ein paar Minuten verweilen lasst, verbinden sich Herz und Bauch. Es wird also eine Art Harmonie hergestellt und ihr seid gleich gestärkter, selbstbewusster, liebevoller und freundlicher mit euch selbst und mit eurer Umwelt. Dabei könnt ihr übrigens die Augen geöffnet lassen. Die Energie eurer Hände fließt so oder so.

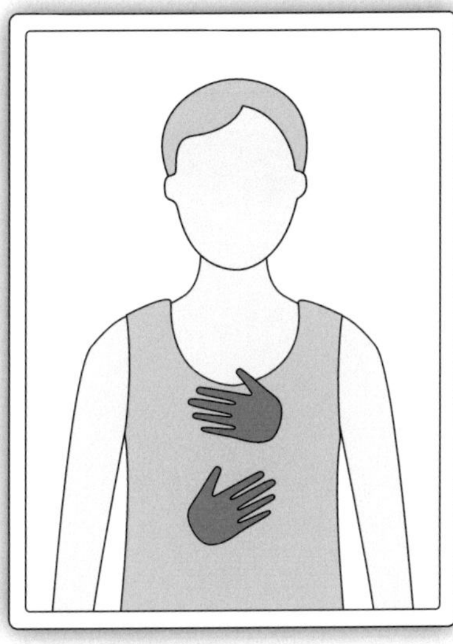

Hand und Auge

Einen besonders guten Start in den Tag habt ihr, wenn ihr nach dem Aufstehen beide Hände über eure Augen legt. Durch eure Hände fließt dann Energie durch die Augen in euren Körper. Obwohl die Augen geschlossen sind, werdet ihr geweckt und fühlt euch frisch, ausgeglichen und bereit für den Tag. Und das schon noch drei Minuten.

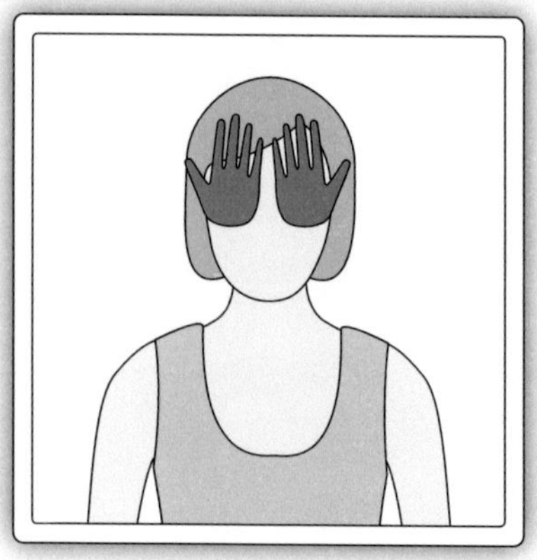

Hand und Ohr

Hält man die Hände über die Ohren, ist man nicht nur geschützter vor lauten oder unangenehmen Geräuschen, sondern Energie kann in und durch den ganzen Körper fließen. Viele Energiebahnen enden nämlich in den Ohren. Haltet ihr die Hände dort für einige Zeit, fühlt ihr euch danach gestärkter und entspannter... und das rundherum.

Hand und Kopf

Manchmal fühlt man sich, als wäre man aus der Bahn geworfen. Man ist ratlos, erschrocken oder auch verängstigt. Dann kann man beide Hände auf den Hinterkopf legen. Eine Hand dorthin, wo der Kopf beginnt und der Hals aufhört. Die andere Hand direkt darüber. Diese Übung beruhigt den Atem und entspannt euch.

Ein Tipp: Ihr könnt eure Hände auch bei einem anderen Menschen auflegen. Denn die Kraft eurer Hände wirkt auch dort.

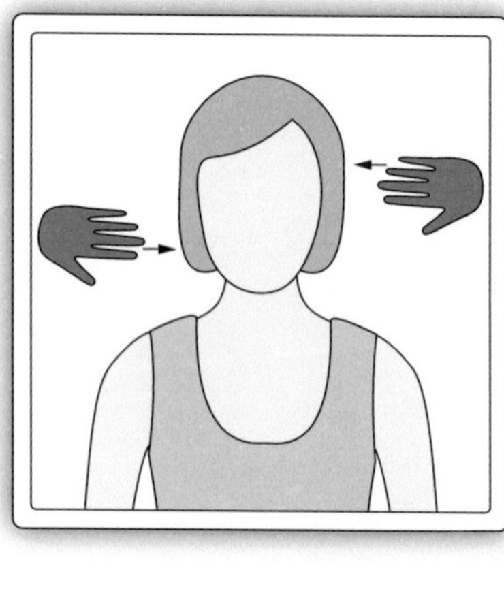

Hand, Kopf und Herz

Um euer Vertrauen in euch selbst zu stärken, könnt ihr auch eure Hände zur Hilfe nehmen. Legt einfach eine Hand auf euren Kopf und die andere Hand auf das Herz. Auch bei dieser kleinen Übung dürft ihr die Augen ruhig offen lassen. Lasst die Energie einfach fließen und vertraut darauf, dass sich eure Hände um alles kümmern.

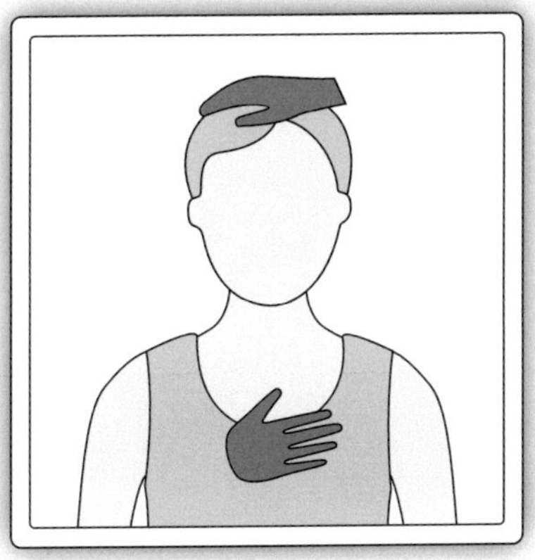

Hand und Finger

Wenn man sich zum Beispiel gestoßen oder beim Sport verletzt hat, habe ich auch einen Tipp. Nehmt die rechte Hand und drückt den Zeigefinger und den Daumen leicht zusammen. Haltet die Hand einfach so. An der linken Hand drückt ihr den Mittelfinger, den Ringfinger und den Daumen leicht zusammen und haltet die drei Finger über die verletzte Stelle des Körpers. Die linke Hand schickt nun heilende Energie direkt dorthin, wo sie gebraucht wird.

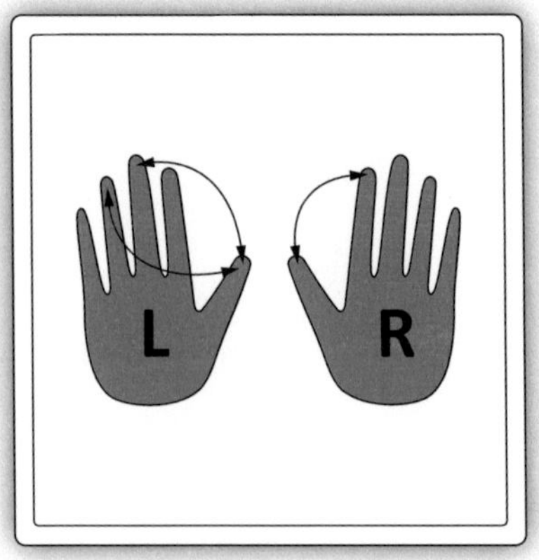

Oftmals legt ihr ganz automatisch die Hände dorthin, wo es weh tut. Die Kraft der Hände kann nämlich überall helfen. Wann immer ihr spürt, dass irgendetwas nicht ganz in Ordnung ist, denkt einfach mal daran. Wenn man weiß, dass die Hände immer Energie an die Stellen im Körper schicken, wo sie gebraucht wird, kann eigentlich gar nichts schief gehen. Wenn Körper und Herz uns also Signale senden, Signale wie Schmerz, Unruhe, Angst oder auch Müdigkeit, könnt ihr einfach die Hände einspannen.

Natürlich fühlen wir uns auch oft gut. Das darf man nicht vergessen. Wir sind fröhlich, gesund und glücklich. Stellt euch vor ihr seid dankbar für etwas Schönes, dass euch begegnet ist. Nehmt auch dann mal eure Hand und legt sie auf euer Herz. Die Dankbarkeit wird dann noch stärker und die Freude über das Schöne noch spürbarer.

Spannt ihr also die Hand mit ein, könnt ihr mehr über die Zeichen eures Körpers und eures Herzens lernen und diese besser wahrnehmen. Die Hände unterstützen euch dabei, dass es in und um euch herum alles runder laufen kann. Und das Tolle ist, ihr habt die Hände immer mit dabei. So oder so. Eure Hände könnt ihr also mit Absicht dafür nutzen, dass Energie dort hingeschickt wird, wo ihr es euch wünscht.

Mit den Händen ist es ein bisschen so wie mit der Sonne. Die Sonnenenergie ist immer da. Ob man gerade darüber nachdenkt oder nicht. Wenn man nun eine Lupe nimmt, können die Sonnenstrahlen gebündelt werden. Hält man die Lupe über ein Papier, fängt dieses an zu brennen. Das heißt, die Energie der Sonne wurde ganz bewusst in eine Richtung gelenkt. Und so könnt ihr es mit der Energie, die durch eure Hände fließt, auch machen.

Eine kleine Erinnerung

Manchmal sind wir einfach zu beschäftigt mit den alltäglichen Dingen und denken vielleicht nicht daran, aufmerksamer zu sein für die Wünsche und Bedürfnisse, die wir gerade haben. Aber es gibt eine Art automatischen Mechanismus, der in jedem von uns steckt. Dieser sorgt dafür, dass wir uns erinnern können.

Ihr habt euch bestimmt schon mal etwas gewünscht... Ein neues Fahrrad, einen neuen Rucksack oder einen neuen Ball. Ist euch dann aufgefallen, dass ihr ständig Menschen mit neuen Fahrrädern, Rucksäcken oder Bällen seht? Ohne dass ihr es wisst, richtet ihr nämlich eure Aufmerksamkeit auf genau diese Dinge. Es wirkt so, als wären mehr neue Fahrräder auf den Straßen zu sehen. In Wirklichkeit stimmt das aber gar nicht. Ihr nehmt es nur stärker wahr. Verrückt, oder? Habt ihr nun ein bisschen mit den Kräften der Hand experimentiert, werdet ihr wahrscheinlich ganz automatisch Situationen im Alltag bemerken, bei denen ihr die Hände zur Hilfe nehmen könnt.

Kraftvolle, fröhliche und friedliche Energien kann man immer gebrauchen. Ihr müsst nicht warten, bis ihr euch ärgert, müde seid oder euch etwas weh tut. Nehmt euch jeden Tag ein bisschen Zeit. Morgens vor dem Frühstück legt ihr die Hände über die Augen, nach der Schule oder der Arbeit setzt ihr euch einen Moment aufs Sofa und legt die Hände über die Ohren und abends vor dem Schlafengehen schickt ihr Energie in das Herz und in den Bauch. Aber auch in der Schule oder am Arbeitsplatz gibt es sicher Gelegenheiten, die dazu einladen, ein paar Minuten innezuhalten. Zum Beispiel bevor man mit dem Unterricht oder der Arbeit beginnt.

Teil 4: Eure Hände können noch mehr

Wie besonders eure Hände sind, zeigt sich wenn ihr etwas mit den Händen macht. Ihr schreibt mit den Händen. Ihr nehmt die Hände beim Zählen zur Hilfe. Ihr macht Zeichen mit den Händen. Ihr haltet Dinge fest mit den Händen. Oder Ihr malt und bastelt mit den Händen. Eure Hände können also die verschiedensten Funktionen erfüllen. Sie sind wichtige Werkzeuge für unser Leben. Unsere Hände haben ganz direkt etwas damit zu tun, wie wir uns selbst in der Welt spüren und wie wir die Welt spüren, wie wir die Welt begreifen.

Die Hand und auch unser Herz haben außerdem einen direkten Draht zu unserem Gehirn. Stellt euch vor, ihr möchtet ein Bild malen. Dieses Bild entsteht erstmal in euren Gedanken, bevor ihr einen Stift in die Hand nehmt. Fangt ihr dann an, zu zeichnen, sieht das Bild nicht immer so aus, wie ihr es euch im Kopf ausgemalt habt. Die Hände bekommen zwar eine Information von eurem Gehirn, sind aber vielleicht noch nicht so geschickt. Ihr nehmt also ein weiteres Blatt Papier und versucht es erneut. Seid Ihr noch immer nicht zufrieden, nehmt ihr einen weiteren Anlauf. Ihr trainiert also die Fähigkeiten im Zeichnen und die Idee im Kopf rückt immer näher zur Hand. Schaut euch mal eure ersten Zeichenversuche an und vergleicht sie mit euren künstlerischen Fertigkeiten heute. Eure Hände haben gelernt, oder? Je geschickter eure Hände im Zeichnen werden, desto leichter kommen euch auch Ideen in den Kopf. Ihr wisst, was eure Hand kann und eure Hand kann sich erinnern.

Ihr merkt, die Hände spielen eine ganz entscheidende Rolle in unserem Leben. Und damit ihr euch immer wieder an die Kraft der Hände erinnern könnt, gebe ich euch noch etwas mit auf den Weg.

Ich möchte euch ein paar Dinge vorstellen, die ihr später in den Händen halten könnt. Und ich werde euch gleich zeigen, wie man sie macht. Erinnern werden euch diese Dinge daran, dass eure Hände eine ganze Menge können. Auch werden euch die Dinge an die besonderen Kräfte der Hände erinnern, wenn ihr sie anseht, aufhängt, verschenkt oder etwas mit ihnen macht.

Ich möchte euch dazu einladen, gemeinsam ein bisschen zu basteln. Beim Basteln kann man sich nämlich sehr gut entspannen und es macht Spaß. Beim Basteln ist man aufmerksam und oft vergisst man dabei die Zeit. Manchmal ist das Ergebnis auch gar nicht so wichtig, sondern der Weg dahin. Wenn man ganz vertieft ist, lädt das Basteln auch zum Träumen ein. So geht es mir jedenfalls sehr oft.

Als Botschafterin der Hand habe ich die Dinge alle selbst gemacht. Jedes Einzelne, so werdet ihr sehen, trägt die Botschaft über die Kraft der Hände in sich. Es sind Dinge, die sowohl euch Kinder als auch euch Erwachsene erfreuen können.

Und nun zu den Dingen...

Traumfänger

Was macht ein Traumfänger?

Einen Traumfänger könnt ihr in dem Zimmer aufhängen, in dem ihr schlaft. Wenn ihr nachts böse Träume habt, werden diese gefangen und stören euch nicht beim Schlafen. Gute Träume lässt der Traumfänger frei, so dass sie euch durch die ganze Nacht begleiten und beglücken.

Was ihr dafür braucht

- Stickrahmen
- Farbiger Filz
- Farbiges Stickgarn
- Sticknadel
- Perlen, Knöpfe, Anhänger, Federn, Pailletten, Knöpfe o. ä.
- Stoffschere

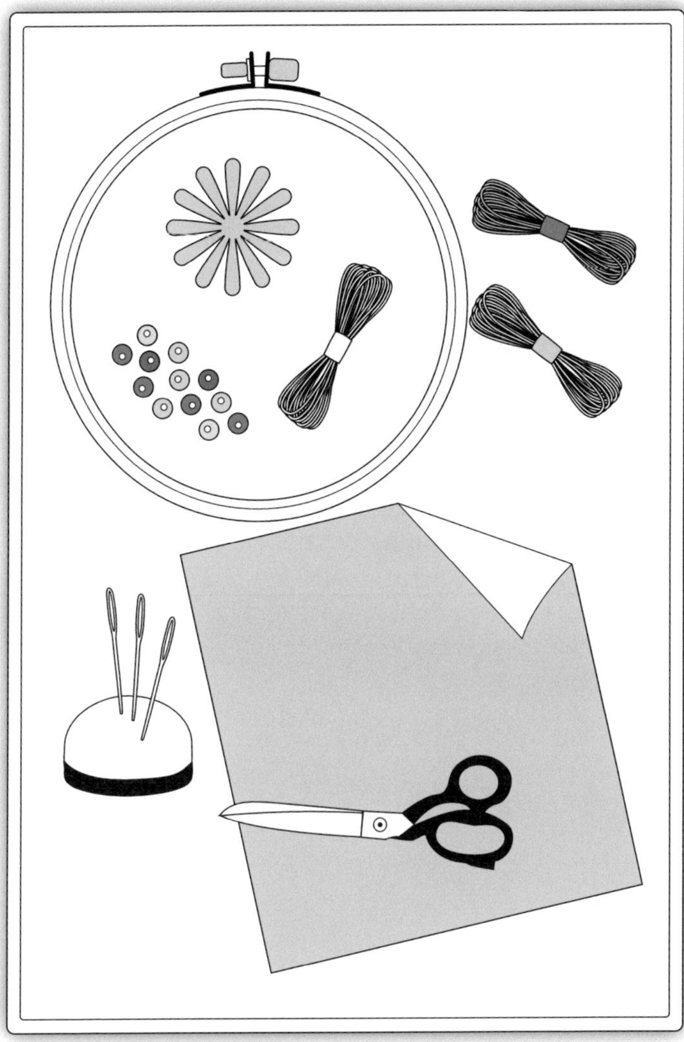

Und so wird's gemacht

1 Als erstes wird der Filz zugeschnitten. Dafür könnt ihr den Stickrahmen auf den Stoff legen und einen Kreis mit einem Rand von etwa 2 cm darum anzeichnen und den Filz ausschneiden. Danach wird der Filz in den Rahmen gespannt. Ihr könnt auch anderen farbigen Stoff dafür nehmen, aber Filz lässt sich sehr einfach besticken.

2 Nun könnt ihr eurer Phantasie freien Lauf lassen. Nehmt farbiges Stickgarn und stickt mit einer Sticknadel ein Muster (z. B. eine Blume, einen Stern o. ä.) auf den Filz. Dabei könnt ihr auch Perlen, Knöpfe, Federn oder Pailletten mit einnähen.

3 Nun könnt ihr ein bisschen Stickgarn am unteren Rand des Stickrahmens befestigen. Dazu nehmt die Sticknadel und zieht ein paar Fäden durch den leicht geöffneten Stickrahmen, den ihr danach wieder fest zuzieht. Zum Schluss könnt ihr kleine Anhänger, Perlen o. ä. auffädeln oder an den Fadenenden verknoten.

Sorgenpüppchen

Bei was helfen Sorgenpüppchen?

Sorgenpüppchen nehmen euch eure Sorgen weg. Vor dem Schlafengehen könnt ihr ein Püppchen aus dem Kästchen nehmen und ihm von einer eurer Sorgen erzählen. Dann legt ihr das Püppchen unter das Kopfkissen. Am Morgen ist die Sorge verschwunden. Habt ihr noch etwas auf dem Herzen, erzählt es einem anderen Püppchen und legt es ebenso unter das Kissen.

Was ihr dafür braucht

- Farbige Wolle
- farbige Pfeifenputzer
- Perlen
- Sticknadel
- Schere
- kleines Kästchen
- Stifte, Aufkleber o. ä.

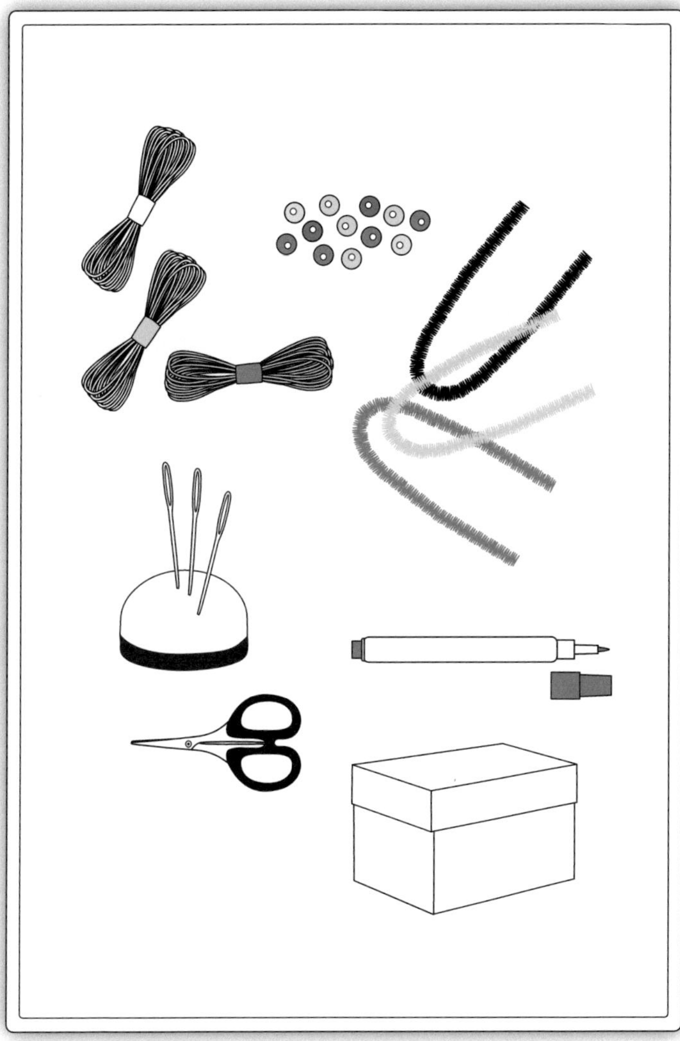

Und so wird's gemacht

1 Als erstes formt ihr aus einem Pfeifenputzer (Länge etwa 10 cm) Hals, Arme und Beine. Dafür knickt ihr den Pfeifenputzer in der Mitte. Nun habt ihr schon mal einen Hals und zwei Beine. Für die Arme drückt ihr den Draht an beiden Seiten in der Mitte zusammen. Dadurch entsteht eine Art Stern, der unten offen ist.

2 Dann umwickelt ihr den „Körper" mit bunter Wolle. Die Enden und Ecken werden als Füße und Hände frei gelassen. Das Fadenende kann mit Hilfe einer Sticknadel am Rücken verknotet werden.

3 Zum Schluss steckt ihr oben eine Perle als Kopf auf. Wenn ihr mögt, könnt ihr auch ein Gesicht darauf malen.

4 Bastelt etwa 6 bis 8 Püppchen, die ihr dann in ein kleines Kästchen legt. Das Kästchen könnt ihr gerne noch bekleben oder beschriften.

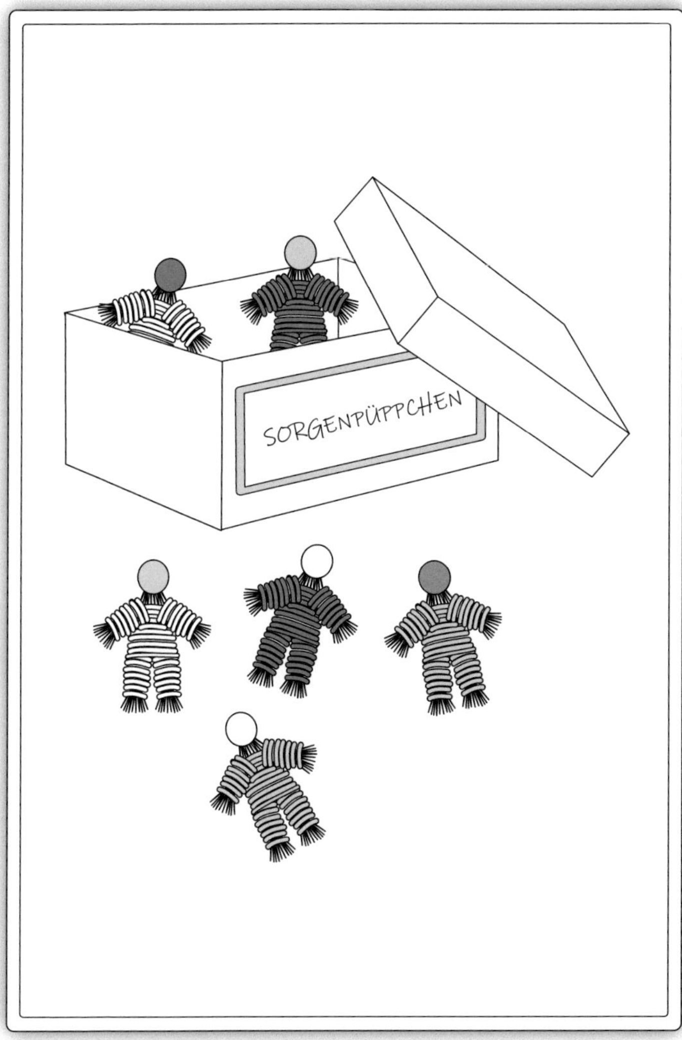
SORGENPÜPPCHEN

Wunsch-Box oder Sorgen-Schublade

Was macht eine Wunsch-Box oder eine Sorgen-Schublade?

In einer Wunsch-Box oder einer Sorgen-Schublade könnt ihr etwas verschwinden lassen, etwas loslassen. Manchmal hat man so viel im Kopf und weiß gar nicht genau, was einem Sorgen bereitet oder was man sich wünscht. Wenn man mit der Hand die Gedanken aufschreibt, wird meistens alles klarer. Eine Sorge, die man aufgeschrieben hat, kann dann in die Schachtel gelegt werden und verschwindet so buchstäblich in der Schublade. Man muss einfach nicht mehr daran denken. Hat man einen Wunsch aufgeschrieben, braucht man sich gar nicht weiter zu kümmern. Man lässt ihn einfach los und er wird dann in Erfüllung gehen.

Was ihr dafür braucht

- Leere, etwas größere Streichholzschachtel (z. B. 6,5 x 5 cm)
- Buntes, gemustertes Papier, Aufkleber, buntes Klebeband
- Schere
- Klebstoff
- Lineal
- Stifte

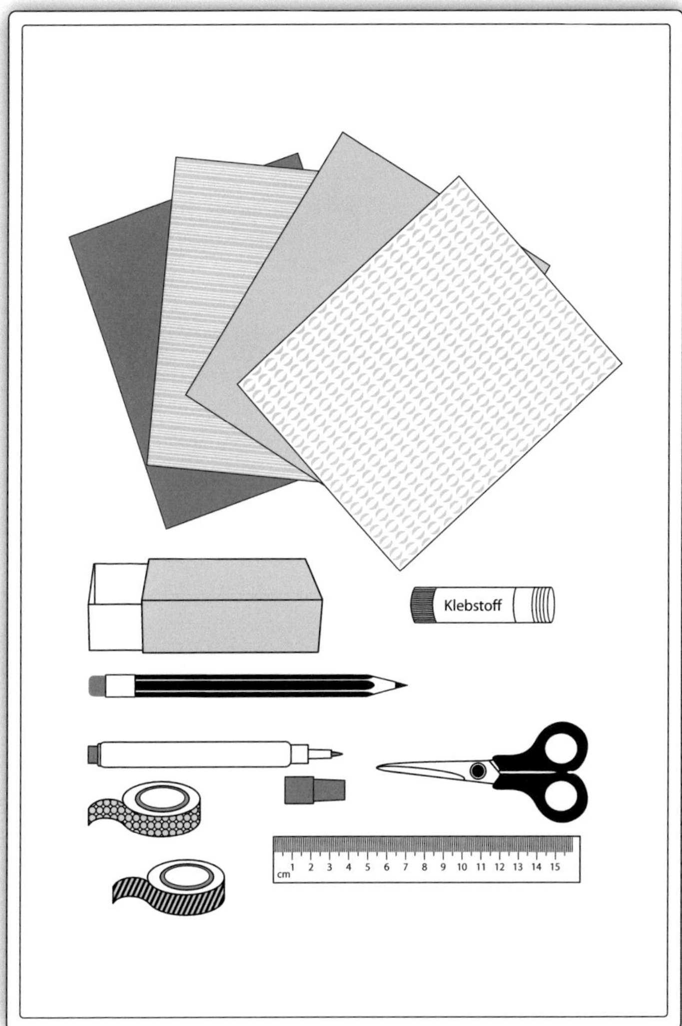
Klebstoff
cm 1 2 3 4 5 6 7 8 9 10 11 12 13 14 15

Und so wird's gemacht

1 Als erstes schneidet ihr ein Stückchen Papier nach den Maßen der Streichholzschachtel zu und klebt dieses um die Schachtel herum. Die Schachtel sollte noch zu öffnen sein.

2 Jetzt könnt ihr die Schachtel nach Lust und Laune mit buntem, gemustertem Papier, Aufklebern, buntem Klebeband etc. verzieren. Vielleicht möchtet ihr eure Sorgen-Schublade oder die Wunsch-Box noch ein bisschen beschriften.

3 Wenn ihr dann eine Sorge habt oder euch etwas wünscht, schreibt es einfach auf einen kleinen Zettel und lasst ihn in der Schachtel verschwinden. Euer Wunsch geht dann ganz bestimmt in Erfüllung und eure Sorge verschwindet.

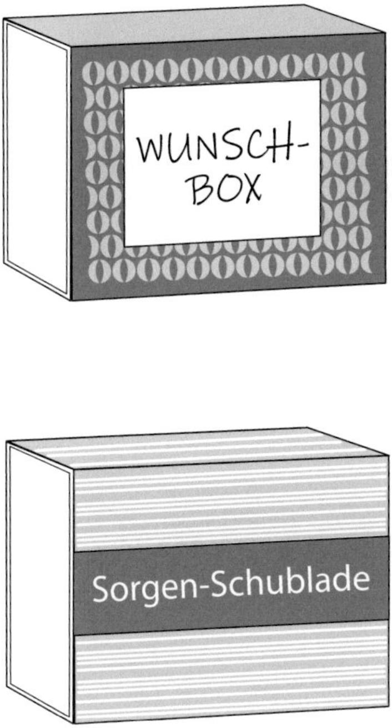
WUNSCH-
BOX
Sorgen-Schublade

Danke-Büchlein

Warum kann ein Danke-Büchlein helfen?

Oft machen wir uns viel mehr Gedanken um die Dinge, die nicht so gut gelaufen sind und die uns stören. Nimmt man sich jedoch ein bisschen Zeit, um aufzuschreiben, für was man an diesem Tag dankbar war, wird einem bewusst, dass das Leben schön ist. Dankbar kann man für so vieles sein: Für liebe Menschen, für die Sonne, für etwas, das man wiedergefunden hat, für eine Idee, für ein warmes, kuscheliges Bett oder für eine Umarmung. Wirft man immer wieder einen Blick in das Büchlein, erinnert es an all die schönen Dinge des Lebens.

Was ihr dafür braucht

- Bunter Fotokarton
- Weißes, liniertes oder kariertes Papier
- Buntes Papier, Aufkleber, Postkarten, Bilder
- Schere
- Lineal
- Klebstoff
- Lochzange/ Locher
- Buchringe/ Buchschrauben
- Stifte

Klebstoff
cm 1 2 3 4 5 6 7 8 9 10 11 12 13 14 15

Und so wird's gemacht

1. Als erstes schneidet ihr Fotokarton für die Vorder- und Rückseite des Büchleins zu. Wie groß das Büchlein sein soll, ist euch überlassen. Vorder- und Rückseite sollten identische Maße haben.

2. Nun schneidet ihr die einzelnen Seiten des Büchleins zu, so dass sie später unter der Vorder- und Rückseite verschwinden können. Das Innenleben kann also ruhig ein bisschen kleiner als der Bucheinband sein. Die Blätter können sowohl liniert, kariert als auch weiß sein. Wie ihr mögt.

3. Jetzt locht ihr die Vorder- und Rückseite und die Seiten des Büchleins an den Stellen, an denen alles miteinander verbunden werden soll.

4. Bevor ihr alles verbindet, könnt ihr das Büchlein verzieren. Dafür könnt ihr Bilder, Postkarten, buntes Papier, Aufkleber, buntes Klebeband etc. verwenden. Vielleicht schreibt Ihr auch noch darauf, dass es sich um ein „Danke-Büchlein" handelt.

5. Nun könnt ihr den Bucheinband mit den Seiten für das Innere des Büchleins mit Buchringen, Buchschrauben oder auch einem etwas festeren Band verbinden. Ihr könntet auch einfach ein kleines Notizbuch nach Lust und Laune verzieren und als Danke-Büchlein nutzen.

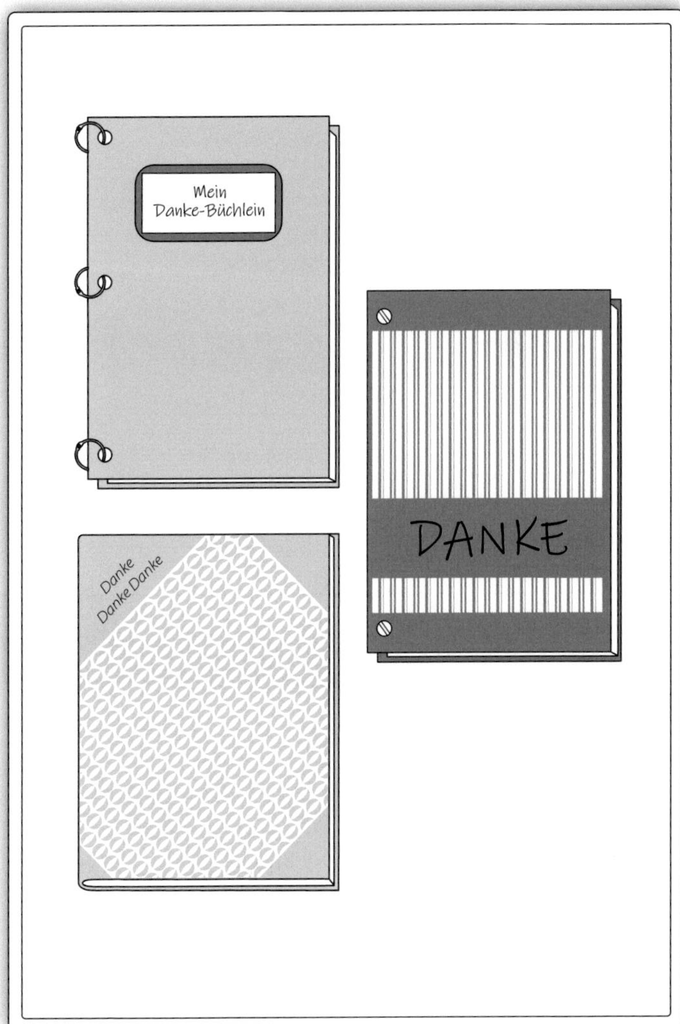
Mein Danke-Büchlein
Danke
Danke Danke
DANKE

Armbänder

An was kann ein Armband erinnern?

Ein Armband kann man für sich selbst oder für jemanden anderen knüpfen. Als Freundschaftsband zeigt es die Verbundenheit und Wertschätzung für den anderen Menschen. Ein Armband, das man selbst am Handgelenk trägt, kann einen jedoch an die Kraft der Hände erinnern und stets dazu ermutigen, durch die Hände Achtsamkeit, Leichtigkeit und Energie ins Leben zu bringen.

Was ihr dafür braucht

- Buntes Baumwollgarn in verschiedenen Farben
- Schere
- Sicherheitsnadel

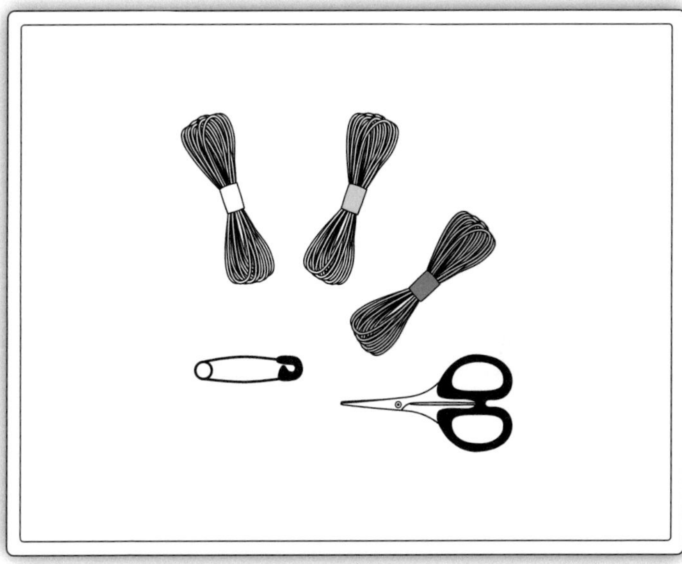

Und so wird's gemacht

1 Für ein einfaches Freundschaftsband schneidet zunächst 5 bis 6 Baumwollfäden in unterschiedlichen Farben zu. Die Fäden sollten eine Länge von 1 m haben.

2 Nun verbindet Ihr alle Fäden mit einem einfachen Knoten. Die Fadenenden braucht ihr später zum Zubinden des Armbands. Nehmt nun eine Sicherheitsnadel, stecht sie durch den Knoten und befestigt die Nadel an eurer Hose. Oder Ihr klebt die Fadenenden auf einen Tisch. Wichtig ist, dass ein gewisser Zug auf den Fäden ist.

3 Nun könnt ihr mit dem Knüpfen beginnen. Legt die 5 oder 6 Fäden nebeneinander in die Reihenfolge, in der die Farben aufeinander folgen sollen. Die Enden sollten sich nicht verheddern. Mit dem ersten Faden auf der linken Seite beginnt man, zu knoten. Der linke Faden ist in der jeweiligen Reihe der Arbeitsfaden. Nun legt ihr den ersten Faden über den zweiten Faden und führt ihn darunter hindurch. Dann zieht ihr ihn durch die eben entstandene Schlaufe wieder nach oben. Dieser Schritt wird nun mit denselben beiden Fäden wiederholt, so dass ein Doppelknoten entsteht.

4 Nun nehmt wieder den ersten Faden, der nun zwischen dem zweiten und dem dritten Faden liegt, und knotet den Faden genauso um den dritten und dann um den vierten bis zum letzten Faden. Wenn die Reihe fertig ist, beginnt wieder mit dem ersten Faden auf der linken Seite und knotet wie zuvor. Die Knoten sollten relativ fest und gleichmäßig sein.

5 In dieser Weise könnt ihr nun so lange knoten, bis das Armband die gewünschte Länge hat. Zum Schluss verknotet die Fadenenden, damit sich das Armband nicht wieder löst. Die losen Fadenenden an beiden Seiten könnt ihr auch noch zu kleinen Zöpfen flechten. Nun könnt ihr das Armband um das Handgelenk legen und schließen.

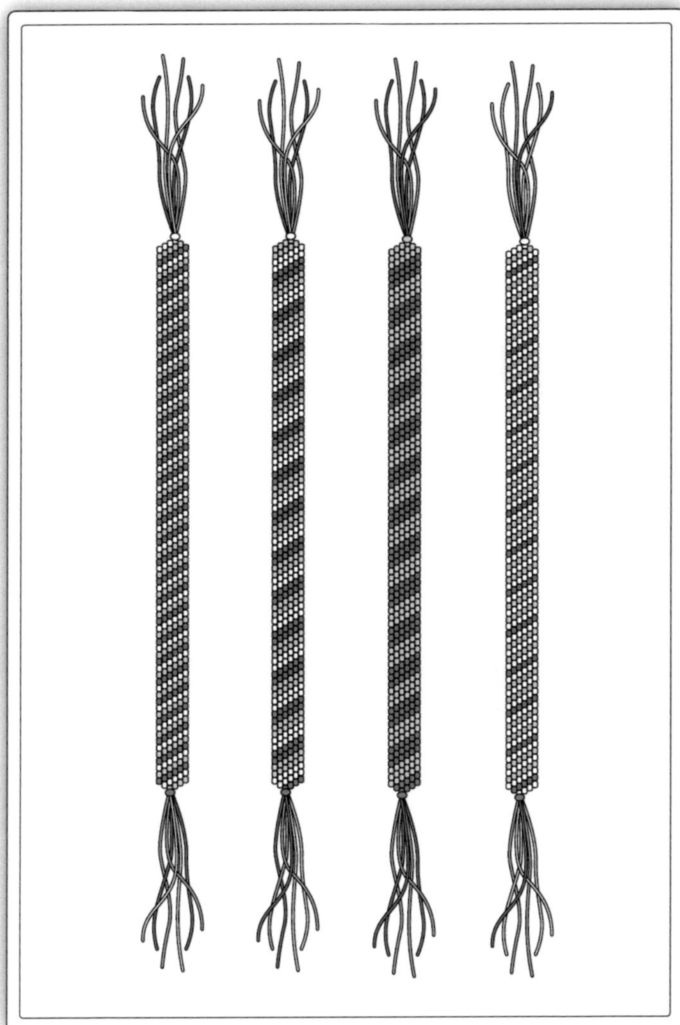

Abschließende Worte

Als Botschafterin der Hände...

Als Botschafterin der Hände möchte ich euch einladen, euch gegenseitig an die Hand zu nehmen und mit euren Händen zu wachsen. Die kleinen Übungen und Dinge, die ich euch vorgestellt habe, tragen dazu bei, mehr Ruhe, Freundlichkeit, Offenheit und Vertrauen in unseren gemeinsamen Alltag zu bringen. Sie machen Spaß und bereiten auch anderen Freude.

Vielleicht habt ihr beim Lesen bemerkt, dass ich ein paar Dinge öfter erwähnt habe. Das liegt einfach daran, dass man beim Lernen immer Wiederholen sollte, damit alles einen festen Platz bekommt. Als Erinnerung also.

Ermutigen möchte ich euch dazu, die Übungen und Dinge gemeinsam zu machen. Deshalb habe ich dieses Büchlein für euch Kinder und für euch Erwachsene zusammen geschrieben. Denkt immer daran, dass wir diese Welt teilen und oftmals ähnlichen Situationen ausgesetzt sind. Auch haben wir alle Gefühle und Gedanken. Ist es nun nicht großartig, dass ihr gemeinsam das Wissen über die Kraft der Hände teilen und weitergeben könnt?

Das Besondere der Hände habe ich mir nicht alleine ausgedacht. Es gibt Menschen, die mit ihren Händen heilen. Es gibt Maler. Es gibt Handwerker. Es gibt Musiker. Und natürlich noch viele viele mehr... also Menschen, die ihre Hände nicht nur brauchen, sondern auch um die Kraft der Hände wissen und diese nutzen.

Auch gibt es eine Vielzahl von Büchern über Achtsamkeit, über das Meditieren sowie zur Stärkung des Selbstvertrauens oder über das Heilen. Darüber hinaus findet man für die Dinge, die ich für euch gemacht und euch vorgestellt habe, zahlreiche Bastelanleitungen.

Die Hand als Werkzeug und Mittel dafür, uns selbst und die Welt zu spüren, zu begreifen und das Leben gleichermaßen zu gestalten, hat mich motiviert, dieses Buch zu schreiben. Es sind meine Worte, die ich nur durch meine eigenen Erfahrungen niederschreiben konnte. Ich bin dankbar für die Menschen, Gelegenheiten, Ereignisse und Bücher, die mich auf die Hände und ihre Zauberkräfte aufmerksam gemacht haben. Auch bin ich dankbar für meine eigenen Hände.

Ich wünsche euch, dass ihr eure Hände jetzt mit anderen Augen seht. Ich wünsche euch, dass ihr sie mehr und mehr dazu nutzt, ganz bewusst Schönes und Leichtes in die Welt zu tragen. Und ich wünsche euch, dass ihr euch durch und mit euren Händen besser kennenlernen und verstehen könnt... euch selbst und die vielen anderen Menschen um euch herum.